전형진 (팔십회 생일 기념) 제4시집

산 하 구

도서출판 한글

3

머리말

시인으로 살아온 지 오 년이 되었습니다. 저자가 출생한 지 꼭 여든 해가 되는 날을 기념하여 네 번째 시집 〈산하구〉를 묶어내었습니다.

호흡이 쉽지 않은 탓에 산을 더 가까이 하고, 나이가 쌓이면서 하늘과 구름을 그윽한 눈으로 보게 됩니다. '산하구'는 산(山), 하늘(天), 구름(雲)의 줄임입니다.

세상에는 한없이 많은 시들이 열려 있습니다. 시인의 눈으로 바라보면 향기롭고 아름다운 열매들을 여기저기에서 볼 수 있습니다.

기력이 허락하는 한 열심히 시를 거두렵니다.

2018년 8월 12일
夢人 전형진

차 례

제1부
논두렁에서

깨끗한 뒤통수

푸른 집에서 5년 동안
애국하다 나온 어른들

뒤통수가 지저분해서
세탁기에 들어가기도 하고
세상에 그늘을 덮기도 합니다

뒤통수 깨끗한 지도자
한반도 반쪽에서 보고 싶습니다

고향은 둘

경북 경산에서 태어나
세 살 때 경기도 안성으로 갔다

아홉 살 때 경산으로 가 1년 살고
안성으로 가 6학년 때 전쟁 나서
경산군 압량초등학교 다니다
열네 살에 졸업했다

안성향교에서
병정놀이 소장수 놀이 풍뎅이 잡기
친구들과 부대끼며 10년을 자랐기에
안성은 내 고향이다

원두막에 자고 사과밭을 지키며
인생을 논하고 장기독재를 탓하며
10년을 성장하며 벗했기에
경산은 내 고향이다

서울 경기에서 20년 인천에서 40년
직장인으로 살았지만
고향이기엔 어색하고
오래 사는 곳이다

고향은
생성(生成)을 먹고
키가 자라나는 곳이니까

광솔

상투 틀고 갓 쓰는 내 조부 시대
나라 빼앗기고 사슬에 매여 살다가
일제 강점에서 풀려나
만세 소리 한반도 뒤흔들던 시절

내복 입고 겨울 나는 인생이 없었고
삼십 리 게다짝 끌고 학교 다녔다

전봇대가 울타리에 멀쩡히 서 있어도
호롱불로 시험공부를 하고 나면
세수할 때 시커먼 콧물이 나왔다

도시에서는
성냥으로 쉽게 불을 일으켰으나
시골에서는
소나무 옹이에 유황을 찍어 만든 광솔*로
화로에서 호롱에 옮겨 붙이고

부싯돌로 불을 일으켜
담뱃불을 붙이셨다

초저녁 호롱불 밝히고
할아버지 춘향던 읽는 소리 구수하였다

* 광솔(관솔): 선사시대부터, 소나무 송진을 머금은 나무라서 불씨
  를 빨리 만들 수 있고 오랫동안 불을 밝힐 수 있는 등불(조명등)
  의 원조

끝

바위
돌
자갈
모래
흙
먼지
끝

나목의 꿈

나목들
봄, 여름 그리고 가을
비바람에 울었고 햇살에 웃었다

눈곱조차 털어버린 알몸에
동장군 칼바람 휘돌더니

하늘은 부활을 채우셨다
그 텅 빈 가슴에

새하얀 이불 속
민들레 꿈속엔 하마 봄이

나무는 속지 않는다

1
땅 투기 따라 하다가
막차 타고 망한 사람들

증권이 대박이란 말 듣고
덤벼들어 낭패 본 사람들

2
사람들이 옷을 벗으면
나무는 입고

사람이 옷을 입으면
나무는 벗는다

나비네 집

잔디밭에
드문드문
토끼풀 하얀 꽃

나비
홀로 찾아와 앉았다가
개나리 울 넘어 날아갔다

예쁜 나비는
꽃만 찾아다닌다

저물면 돌아갈 집은 있는지
검은 구름이 몰려오는데

낚싯밥

바람에 흔들리는 거미줄은
거룩한 철학입니다

말씀이 마음을 흔들 때
영혼은 깨어납니다

하늘이 드리운 지혜 한 방울
영생을 거두려는 낚싯밥입니다
남태평양 하늘

괌 열대 하늘
남태평양 바다에서
땡볕이 풀어 올린 구름들

사자 떼 으르렁거리다가
이빨도 없는 바람에 뭉개지고

어느새
한반도가 되고 대영제국이 된다

한나절 만에
세계지도가 되고 대양주가 되고

저녁나절엔 사슴 무리가 되어
하늘은 태평하다

넓다 맑다 시원하다

괌
남태평양 한가운데 떠 있는
섬

바다를 본다
구름을 본다

한밤중 홀로 깬 보름달
내 주름 골을 들여다본다

동틀 무렵 달려드는 파도
하얀 눈썹을 그린다

앙증한 모타리로
어둠을 열고 사랑을 조아리는
개똥쥐빠귀 한 쌍

몸 마음 그을린 문명을 접고
하늘이 점지하신 그대로
세상을 본다

넓다 맑다 시원하다

나이 우산

비가 오지 않아도
세상은 우산을 씌운다

더러는 여인들이 한두 해 미루어
아홉 수를 감수하지만

세상은 기어이
늙은이에게 우산을 쓰게 한다

비가 오지 않아도
세상이 점지한 우산
써야지 어쩌랴

논두렁에서

논두렁에서 풀 베는 아버지 뒤에 서면
물씬 들어오는 풀냄새
가슴을 적신다

뭉클한 감정은
풀이 피 흘린 아픔 때문이다

6월을 지낸 붉은 내 피가
푸른 물감으로 혼혈되는 순간이다

그 짙은 향기에
내 몸은 전율한다

제 2 부
동무 삼기

대파

대파 한 묶음을 화분에 심어
꽃들 사이에 두었더니

식탁에 오르기까지
대쪽같이 곧게 서서
구부러진 인심을 나무란다

등대 어른

증조께서 주치못 지키는 등대로
80년 불 밝히셨다

5남 1녀 슬하에 수많은 배가
보릿고개 넘어
얽히지 않고 순항했다

조부께서 등대 이어 받아
68년 지키시고

3남 2녀 슬하 새로운 배들
일제 탄압에도 6.25전쟁에도
무탈하게 이끄셨지만

막내삼촌
태평양전쟁에 남양군도까지 끌려가
구사일생 돌아왔으나

6.25 전쟁에 참전하여
1.4후퇴 때 북녘 땅에서 전사하셨다

선친께서 물려받아
98년 등대 지키는 동안
어머니 결혼 십 년 만에 별세하셨다

4남 5녀 슬하에
무수한 배들이 얽히고설키면서도
험한 세상을 앞질러 갔다

내가 맡아 80년
불을 밝히고 있다

2남 1녀 슬하에
15척 배들이
올망졸망 흥겹게 노를 젓고 있다

마임

베네치아 트레비 분수 옆에
키 늘이고 허옇게 칠한 얼굴로
장승처럼 서 있는 사람

동전 통에 돈을 넣으면
웃음과 손짓으로
꾸벅 인사를 한다

동작 없이 멀거니 서 있는 시간만큼
생명이 길어지는지

무얼 생각하고
숨만 쉬고 있을까

마카오

포르투갈 개척자들이
파도와 싸우며 와서
피와 땀으로 이룩한 도시
마카오

파도무늬를 밟고 다니며
돈을 뿌려주는 손님들에게
벽만 남은 성당
환한 웃음을 선사한다

동양 서양 뒤섞인 얼굴들
완전고용 복지천국을 누린다

마카오 사람들
찾아오는 여러 얼굴을 보지만
열렬히 그리워하는 얼굴은
연속극에 나오는 한류 배우들

맞서기

큰바람 행차에는
나무들이
한껏 허리를 구부리고

산들바람 모실 때는
고개만 갸웃거린다

폭풍에 대들다가는
단번에 꺾이고 만다

모란봉 클럽

총칼로 막고
고압전선을 둘러치고
물샐 틈 없이 단속해도

자유가 이끌어내는 힘
이길 수 없다

김가네 독재 혹독한 감옥에서
목숨 걸고 탈출에 성공한 생명들
모란봉 클럽에서 털어놓는 사연
자유는 눈물을 흘렸다

만삭 여인
배를 걷어찼다고!!!

무엇에 바친 생명인가

20세기에
세계가 두 쪽으로 갈라지더니
한반도가 피 흘리는 지옥으로 전락

열전 3년
냉전 64년

손도 못 댄 유해들
참전국 국내외 희생자들 손자조차도
기다리다 늙어버렸다

바다에 던진 마음

바다에 가
낚시꾼 옆에 섰다

아무 것도 건져내지 못하고
빈 낚싯줄 끌어내고 미끼 꿰어 던질 때
내 마음은
낚싯줄에 달려 바다에 풍덩 빠졌다

무심을 낚는 얼굴
참 검기도 하다

바다와 산이 너그러운 건

바다가 너그러운 건
물가에 자갈이 홀로가 아니라는 거

또래들 모여 놀게 하고
모나지 않게 동글동글 굴려
소곤소곤 놀게 하는 거

산이 통 크게 보이는 건
온갖 나무들 바위들
크건 작건 잘 어울리어 살게 하는 거

비바람에도
된서리에도
살을 에는 추위에도

모두 다 뒤엉켜 살다가
찬란한 봄을 만들어낸다는 거

바람은 실오라기

바람은
보이지 않는 실오라기

숲이 실어준 향 가득 담고
내 허파에 들러
구멍 난 상처 메워주고

버릴 것 가득 담아
끌고 나온다

반도는 노래한다

육지에 매달린
섬 아닌 섬

반도는 노래한다
바닷물 넘실넘실 펼쳐나간 끝자락
하늘이 내려와 입술을 맞대는
수평선 한 줄

반도는 찬양한다
거대한 입맞춤
상봉 이별 그 잔치 찬란하다

태양은 연출한다
황홀한 일출 일몰

검은 막 내리고 올리는
하루의 드라마 60억 주인공들

반도는 노래한다
밤이 오기 전에

반도는 노래한다
밤이 가기 전에

동무 삼기

풍뎅이하고 놀며
강아지하고 놀며
어릴 때 동무했었는데

철들면서부터 은퇴할 때까지
거터보지도 않다가

콩나물을 시루에서 솎아내듯
하늘이 동갑네들 뽑아가는 지금

벌레도 친구
찔레나무도 친구
까치도 친구

산에 오르면
보이는 게 다 친구다

반짝이는 초록 눈초리

노랑 개나리꽃이 피자
봄 햇살이
살며시
창문 사이로 스며든다

겨울 난 이끼가
어느새 초록 빛 생성을 펼친다

누렇게 죽은 듯 말랐던 생기가
반짝이는 초록 눈초리로 춤을 춘다

발

계양산 넘어 와서
갈라진 발톱을 보다가
문득
밟고 온 땅을 헤아려본다

한라산부터 백두산까지
북아메리카 동부랑 서부
유럽대륙 대양주 거쳐
열대 동남아시아까지
만리장성부터 서호까지
하와이 보르네오 일본 대만 거쳐
남태평양 괌까지

발 디딘 곳이 많아도
꿈속에 다시 가는 길은
6.25 피란길
안성천 건너고
차령산맥 넘어 조치원까지

제 3 부
실잠자리

사랑과 미움

하늘에서 내리는 사랑
온 땅에 가득한데

밤새
악령이 미움을 뿌렸나

예쁜 잎을
벌레들이 갉아먹는다

사월 새벽 길

가만한 바람에도
가로수 벚나무들 하얀 꽃잎 날린다
밤새도록

홀로 길을 간다
길바닥에 눈송이 두툼하다

4월 새벽길
벚나무 가지마다 봄을 여의는 고요
한 방울 두 방울 떨어진다

4월은 가는가?
하염없이 봄은 가는가?

서울 아이에게

서울 아이야!

7월엔
길마재에 올라
도토리 키 재는 소리 들어라

장마 뒤 반짝 해드는 날
골짜기에 가서
버섯들 장마당 펼치는 거 보아라

수학 문제 풀다가 지치거든
길마재에 올라 보아라

서울 아이야!

선 자리 앉은 자리

1
혹독히 추운 날
효성동에서 585 마을버스 타고
작전역에서 인천 1호선 타고

계양역에서 공항열차 갈아타고
서울역에서 국철 1호선 타고

종로타워에서
63년 전 동창생들 만났다

2
돌아오는 길에 전철을 잘못 타고
독산역까지 서서 왔다

두 정거장 되돌아와 7호선에 앉았으나
온수에서 내려야 했다

부평구청역까지 서서 왔고
585 타고는 앉아서 왔다

선인장 삼형제

동그란 선인장
8년 자라더니 새댁이 되었다

올봄 열두 송이 꽃 피우더니
여름 오자 옆구리 세 아이 달고
커가는 꼴

어릴 적
4대 함께 살던 고향집

할머니랑 어머니랑
젖먹이 달고 일하는 모습이다

설렘

도자기를 빚어 말린 후
아기 다루듯 신문지에 싸서
종이 상자에 차곡차곡 넣고

마을버스 타고
전철 세 번 갈아타고
산길 오리 걸어간다

벽재도예원에서
유약 발라 모양을 낸다

구워낼 때까지
집에서 기다린다
어떤 아이가 태어나
빛을 쏠까

품에 안고 입맞춤하려고
가슴 두근거린다

섬김

머슴이라 하면서
군림하는 지도자들

차라리 군주라 하면서
섬기는 게 옳다

권력 휘두르기 좋아
설쳐대며 표를 모았으니

살림 거덜 내지 말고
나라 빗 줄여서 섬기고

열방들 엿보지 못하게
힘 길러 섬겨야 옳다

세포가 놀던 마당

나는 세포다
내 조각조각이 세포다

하늘은
셀 수 없이 세포들 모아
나를 만들고
서른 해 지켜보다가
날마다 나를 죽인다

내 조각이 죽는다
세포가 죽는다

백년쯤 버티고
내 조각들
세상에서 사라진다

시는 흔적이다
내 세포가 놀던 마당이다

소리와 말씀

허튼 소리는
입에서 태어나
귀에서 죽는다

스승의 말씀은
가슴에 살아
평생을 함께 한다

시간 쪼개기

원시 때는
해 달 별을 보고
자고 깨고 먹고 놀았지

담벼락에나 손목에 달아놓고
사람을 재촉하는 시계
하루를 스물넷으로 조각내고
또 예순 개로 쪼개고
다시 예순 개로 쪼개더니

경기장에서는
백 개로 또 조각을 낸다

실잠자리

1
아담한 카페 앞
길가에 탐스러운 화분들

빈 화분 하나
새침한 글쪽지 서 있다

"화초 가져가신 분께
예쁘게 기르시고
모종내시어 여기에 심어주세요"

2
실잠자리 날아와
꽃잎에 살그머니 앉았다

투명 날개는
눈에 띄지도 않고

무늬만
앙증맞게 수를 놓았다

시를 뿌린 여인

대구 곳곳 출근길에
뿌려진 돈 2000만 원

1587만 원이
양심에 실려 경찰에 돌아왔다

강 여인은
그 짧은 시간에

전국 독자들에게
시를 뿌렸다

쌀밥 보리밥

제비꽃이 떨어지더니
쌀밥 보리밥이 달렸다

초록 삽자루
하늘로 쳐들고 외치는 소리

올해 농사 대풍이다

쑥떡의 근기(根氣)

봄 햇살 익어 가면
동산에 올라 연한 쑥을 뜯는다

아내가 빚은 동그란 떡에
내 손으로 새겨 만든 떡살로
복(福)을 찍는다
갓 쪄낸 떡을 씹으며
그윽한 대지의 숨결을 흡입한다

배달의 첫 조상님
은근한 근기가 핏줄에 흐른다

제 4 부
오월의 향기

아픈 사랑

도자기 잔을 빚어
가마에 구워냈다

쏙 마음에 드는데
언저리에 실오라기 금이 갔다

성한 잔은 친구에게 선물하고
금간 잔은 내가 쓴다

50년을 안고 사는
딸의 어릴 적 상처
내 아픈 사랑이듯

물을 담고 차를 담아 마시는
아픈 사랑 또 하나 있다

안경과 자전거

안경에 사람이 타면 자전거
자전거가 사람을 타면 안경

안경이 굴러가면 자전거
자전거가 고정되면 안경

억척 거상(巨商)

백령도 할머니들
새해 아침
황해도 해주 육지를 바라본다

두고 온 고향
바다 건너 먼 곳에서
살던 마을 밭뙈기를 건너다본다

피란민으로 빌어먹으며
떼집을 만들어 살면서
억척으로 모아모아 부자된 실향민(失鄕民)들
뭍으로 건너갔다

동대문시장에도 남대문시장에도
거상으로 우뚝하다

영글고 영근 평화

휴전선 밖 양쪽
68년 초긴장 상태로 총 겨누고 있다

군사분계선 안쪽
자연 그대로의 모습 간직한 곳
지구촌에서 유례가 없다

한류와 난류가 맞닿는 바다에는
거두어들일 어류가 풍성하다

차갑고 뜨거운 사상이
70년이나 마주하고 있는 한반도에
풍성한 열매 거둘 때가 왔다

북에서 오고 남에서 가고
오고 가고 또 오고 가고

긴장 없이 오가면서
알알이 영글고 영근 평화
충만히 거두어들일 때가 바로 지금이다

역사 선생님

기미독립운동 학생혁명 군사변란
한국전쟁 제헌절 광복절
서울 수복 개천절 한글날

전자시계는 빨간 펜글씨로
역사를 가르친다
밤이나 낮이나 배고프지 않으면

오월의 향기

무르익은 오월
숲속 가득한 하얀 향기

안개로 퍼지는 아카시 향기
풍겨 오르는 찔레 향기

내 영혼은
백향(白香) 품속에 드러누웠다

오지랖과 보쌈

오지랖 넓은 아내가
어느 틈에
내 정성 쏟은 컵을
자랑삼아 이웃에게 나누어주었다

6년이 지나도
내 마음 속에 살아 있는 명품 하나

아내는 오늘 작심한 듯
대물(代物)에 덤까지 끼워주고
되찾아왔다

내 기쁨
푸짐한 보쌈이 되어
저녁 턱을 쏘았다

요세미티

요세미티 귀염둥이 아기 사슴
온 몸에 물방울무늬 예쁘다

일 년 먹던 어미 젖 떼고
무늬가 사라진다

산불에 타 까맣게 숯이 된
세콰이어 나무 허리 구멍
딱따구리 둥지에서 머리 내밀고
어미가 물어 온 벌레
노란 주둥이로 냉큼 삼킨다

여우가 새끼들 데리고
재주넘기 가르친다

용두산 가는 길

용두산 가는 열차 타고
40년 전 헤어진 친구들 만나러 가는 길
홀로 앉아 창밖을 내다본다

푸르디푸른 산봉우리들
사이사이
끼어 있는 높은 건물들
창문 하나하나마다
꾀 한 말, 고뇌 서 말

우뚝 솟은 산봉우리들
아무리 많아도 아무리 높아도

나그네 가슴에
새파란 사랑을 채워준다

우체통

붉은 단색 옷 입고
길가에 서 있다

입 벌리고
먹을 것 기다린다

지나가는 전화 소리
우체통 지나고 전철 속에서도
소리로 편지를 대신하는 세상

붉은 입 가지고
우두커니 서 있다

이모님

여덟 살에 어머니 잃고
아홉 살에 전염병 앓고
열세 살에 전쟁을 겪었다

스물아홉에 혼인하여
산골 이모님 찾아 큰절하던 날
내 손을 잡고 통곡하셨다

눈물 마를 날 없었던 시절 다 지나고
이렇게 성장했구나
장하다! 장하다!

네 어미가 살았으면 얼마나 좋으랴
또 통곡을 하셨다

내 눈물방울 속 어머니
아직 스물아홉 새댁이네요

아들은 팔십 노인입니다

이 깊은 밤중에
돌연 여덟 살배기가 되어
엉엉 울고 있습니다

움집 아낙네

1960년대 한강 범람으로
난민들 데려다 놓은 남가좌동 산기슭

지붕만 보이는 움집들
게딱지로 다닥다닥 붙어 있다

해가 중천에 오르면
꽃송이로 변신한 아낙들
화사한 양산을 들고 움막에서 피어난다

사내들은
새벽별 보고 일어나 지게 업고

모래내 지나 서울역 광장에 가서
온종일 등짐을 진다

이파리 마을

느티나무 가지 끝
이파리 마을 여덟 집

성한 집은 둘뿐
왜소한 것
상해 입은 것

삼 할은 기대 살고
칠 할이 꾸려 간다

제 5 부
장마 뒤 산길

자라는 조각품

행운목은
꽃이 지고 나면 죽는다는
친구들 말을 듣고

꽃향기 실컷 마신 후에
허리춤을 잘라주었습니다

백일 만에
옆구리 세 곳에 싹눈이 맺혔습니다

앙증맞은 조각 작품이
날마다 조금씩 자라납니다

그 솜씨 놀라워
찬양합니다

장마 뒤 산길

말랐던 개울물
졸졸 흐른다

여름 초입까지 가물어
농심이 타들어 갔었는데

한 달여 장마에
산은
만 가지 생명들 노래로 가득하다

말거미들이 망을 쳐놓고
사람 피 노리는 벌레들
송두리째 거두어들인다

어느새
도토리 푸른 열매가 처녀 가슴이 되어
출가를 넘보고 있다

하얗고 검고 노란 우산이 되어
버섯들이 춤을 춘다

아카시 몸통 타고 오르는 이끼들이 청청하다
어디에 있다가 모여들었는지
가물에는 눈에 뜨이지도 않더니

자유가 운다

동해 서해
그리고 한반도 허리에
가로막은 금단의 철선

새나 짐승들이 넘나든다
글자를 읽지 못하는 자유다

목숨 걸고
철선 넘은 사람들

자유가 운다
설날 아침 고향 그리워

선아리랑

독서를 흔드는
청소기 소리

행인들 기겁하는
전기차 묵음

목화밭에서 들려오는
정선아리랑

주먹 맞은 미소

내 속
묵은 창고에는

전쟁 때 부러진 칼
방아쇠 빠진 기관총
딱지 떨어진 흉터
까맣게 마른 피톨 자국

그리고
주먹 맞은 미소가
켜켜이 쌓여 있다

자물쇠조차
삭아버린 창고에

짐작

사과 껍질을
창밖에 널어놓고

하룻밤 자고나니
감쪽같이 없어졌다

더러는
새들이 거기 앉아
반짝이는 눈으로
집안을 빤히 들여다보았는데

집착

1
동짓날 중구봉에 올라
남쪽 기슭을 내려다본다

참나무는
잎들을 모두 대지의 밥으로 헌납하고
알몸으로 꿀잠을 자는데

오그라든 수많은 잎들이
떡갈나무에 매달려
바람에 시달리며 울고 있다

2
홀로 월남한 동대문 시장 할아버지
인척 없이 별세했다
장판 밑에 수억 원 지폐 깔아두고

미국 수도에서 얼어 죽은 노숙자
배낭에는 삼천 불이 있었다

첫날 아침

하나님은
하루에 단 한 번
눈을 깜박인다

눈꺼풀이 세상을 덮으면
피조물은 다 잠들고
눈꺼풀 거둘 때 깨어난다

그가 불러갈 때
단 한 번 긴 잠에 드는
인생

팔순 첫날 아침
하루뿐일 수 있는 오늘
하늘을 본다

참 놀라운
산
구름
바람
나무들

최후의 날

단군왕검부터 반만년
한반도에
느릿느릿 살아오던 우리들

왕들이 반도에 죽을 쑤어놓고
이웃한 한족 몽골족 왜족이
냉큼냉큼 집어 삼켜버렸다

요나가 된 백의민족은
세계대전 틈바구니에서
구사일생 연명했으나

아직도
붉고 푸른 사상
틈바구니에 끼어 있다
조급증을 앓고 있는 우리는
오십년 만에 얼렁뚱땅 얽어놓은

한강의 기적을 먹고 산다

조급증은
세월호를 물속에 내려앉혀
수백 명 어린 생명을 수장시키고
낚싯배 네월호도 엎어버렸다

지진이 현해탄을 건너와
경주 포항을 흔들어 놓았다

후대를 낳지 않고 사망하는
백의민족 조급증은
최후의 날을 재촉하고 있다

초식 왕국

밥은 왕 국은 왕비

김치 깍두기 콩나물
삼정승 밑에 둘러 선 신하들

총각김치 파전 동치미 도라지나물
취나물 곤드레 죽순 연뿌리 호박나물
시금치 미나리나물 녹두부침개
버섯무침 매생이 파래 다시마 튀김

춤추는 낙엽

낙엽을 우수수 날리는 나뭇가지
거미줄에 매달린 노랑 잎 하나
산들바람 타고 춤을 춘다

어망을 온통 흔들어도
공중 어부는 미동도 없다

큰 그릇

K는
큰 그릇이었다

전쟁 통에
생부모를 잃었다

그 빈자리에
두 번째 부모가 들어왔다

K는
바르게 크게 자랐다

어린이재단 회장을 세 번 하면서
평양에 빵공장 지어
굶주리는 아이들을 먹였다

세계 가난한 어린이들 아버지로

70세에 별세했다

칼랑코에 웃음

이태 전 선물 받은 칼랑코에
겨울마다 거실에 가득하다
꽃송이들 조그마하고 빨간 웃음

창밖엔 거대한 하얀 홑이불로 덮여
세상은 온통 단색이다

한밤중에 깨어나
칼랑코에 꽃송이에서

태평양 건너편 손자 손녀들
웃음소리 듣는다

제 6 부
판문점 그 다리에서

타인(他人)

어두움이 짙어가는 산길
집도 절도 없다

홀로 가는 길
모롱이 돌아설 때

멀리 앞서 가는 사람

그 뒤 모습에
적막은 반쪽이 된다

돌아서지 말고
그냥 가기를
걸음을 늦추지도 말고
앞서 가기를

등은 위안이고
얼굴은 공포가 되기 때문이다

탄생 백 주년

우리 몸을 선물하신 미천 님
별세하신 지 삼년 반 100주년 생신에
그 사랑 기립니다

일제강점기에 일본 건설노동판
폭탄 속에서 일하시고
안성군청 모범공무원으로
전쟁 때 피란 가
경산 농촌 개량사업에 힘쓰시고
지방의회 의장으로 공무원으로
애국하신 크신 어른

노변교회 30년사를 집필하시고
경북노회 총대로 대학 이사로
봉직하신 장로님

평생토록 새벽마다

자손들에게 복 내려 주소서
창고에 차곡차곡 쌓으신 기도

그 기도 빼어먹고
우리들 복 누리고 삽니다
하나님 은혜 물같이 흘러
우리 가정마다 흠뻑 적셔 주십니다

탄생 백주년 생신날
눈물로 감사기도 올립니다

태풍 쁘라삐룬

어제 태풍 쁘라삐룬이
제주도 남단에서 북상중이라더니

오늘 아침 창밖에
하늘을 가리며 지나가는 구름

계양산 꼭대기를
하얀 장막으로 가로막았다

바람이 동쪽에서 서쪽으로
끝없는 구름장막을 밀고 간다

반가운 산꼭대기가
보이다가 사라진다

바람은
얼마나 길고 얼마나 세기에

구름을 밀고 또 밀고 가는 걸까

아직 하늘은
한 뼘도 보이지 않는다

테를 메우고

1
길가에 뒹구는 백자 화분
조각났다고 버려진 명품

제주도에 헤매는 노인
병들었다고 버려진 혈육

시궁창에 뒹구는 유기견(遺棄犬)
늙었다고 버려진 애완견(愛玩犬)

2
버려진 항아리
거두어 테를 메우고

비단으로 장식(裝飾)하고 나서
꽃나무 심었다

첫손자 얻었을 때
그 환희

판문점 그 다리에서

판문점 그 다리에서
남북 두 어른이 나눈 밀담
들리지 않지만
아기자기한 모습에

한반도 7000만 사람들
숨죽이고 눈물지었다

북쪽 아이들 배고픔 풀리겠구나!
남쪽 어른들 고향 가서 가족들 만나겠구나!

부푼 가슴 겨우 한 달 만에
북 지도자들 찬물을 끼얹었다

풍계리 핵 땅굴 파쇄 행사에
남쪽 기자 따돌리고
외국 기자들만 데리고 갔다

또다시
반반도에 한숨 소리 가득하다

팔십 똘똘이 모험

1
전동스쿠터 타고
도자기 명장 만나러
삼십 리 길 나섰다

아라뱃길 따라
날씨가 좋아 무난히 도착했다

명품 도자기 둘러보고
할매밥집 점심 잘 먹었다

2
돌아오는 길
검암역 비좁은 승강기에 애태우고
역무원 경고에 무안했다

집 근처 오르막에서

에너지 고갈 경고음이 울렸다

온몸으로 밀고 집에 도착해
이제 살았구나 하는 순간
몸은 땀에 젖었고
숨이 넘어갈 지경이었다

똘똘이가 되어
팔십 나이에 모험을 하다니
혼자 웃고 서 있다

하나님의 웃음

1
팽이를 친다
도는 게 재미있다

바람개비 돌아간다
바람아!
재미있는가?

우주가 돌고 돕니다
하나님!
재미나신지요?

2
보름밤에
둥근 눈으로 웃으시고

그믐에는

실눈으로 웃으시고

아침마다
마주 볼 수 없는 광선으로
활짝 웃으시었다

하늘 자르기

우루루 쾅쾅
섬광(閃光)이 하늘을 가릅니다

한 덩어리 칸막이 없는 하늘을
잘라버리는 붉은 칼날

우루루 쾅쾅
하늘을 자릅니다

번쩍하는 순간
어마어마한 손이 보입니다

한국처럼 될래?

"베네수엘라처럼 될래?
한국처럼 될래?"
터키 인민당 대선 구호다

"미국이 한국 점령하여
수도 서울 중심에 미군이 주둔하고 있다"
터키 정의개발당 구호다

"한국에게 민주주의는
돼지에게 진주목걸이다"
세계의 비꼼이 어그러진 건
30년이 넘었다

한 지붕 두 나라

길마재 발처에
남남북녀 한 쌍 삽니다

나이 칠십 넘어선 후
한 지붕 두 나라로 삽니다

침실도 따로
해우소도 따로

자는 시간 깨는 시간
먹는 시간 노는 시간
다 다릅니다

식탁 앞엔
의자가 하나뿐입니다

향년(享年)

79세에
폐렴과 싸우다가

죽을 고비 넘고 나서
어른들 향년을 꼽아본다

어머니 29세
새어머니 89세
형님 79세

그러나
아버지는 98세
할아버지 68세
할머니 77세
증조할아버지 81세
증조할머니 75세

허리 움켜 웃는다

위로 끌고
옆으로 밀고
촉촉이 눅이고

해 바람 비
등쌀에

구불구불 늙은 소나무 보고
초승달이 허리 움켜 웃는다

헛소문

북한 폭군3호가
측근에 체포되었다

헛소문이 돌고 돌아
귀 어두운 내게도 들린다

민초들 힘은 없고
소망을 입으로나마 날려 보낸다

세상의 강자도 귀가 열렸는지
사흘 전부터 태평양 건너오는 소리

"폭군 김은 죽는다"

산 하 구

2018년 9월 05일 1판 1쇄 인쇄
2018년 9월 12일 1판 1쇄 발행

저   자 **전 형 진**
발 행 자 **심 혁 창**
발행처 **도서출판 한글**

4116 서울특별시 마포구 신촌로 270(아현동)
        수창빌딩 903호
☎ 02-363-0301 / FAX 362-8635
E-mail : simsazang@hanmail.net
창   업 1980. 2 .20
이전신고 제2018-000182

파본은 교환해 드립니다
정가 10,000원

ISBN 97889-7073-552-8-03130